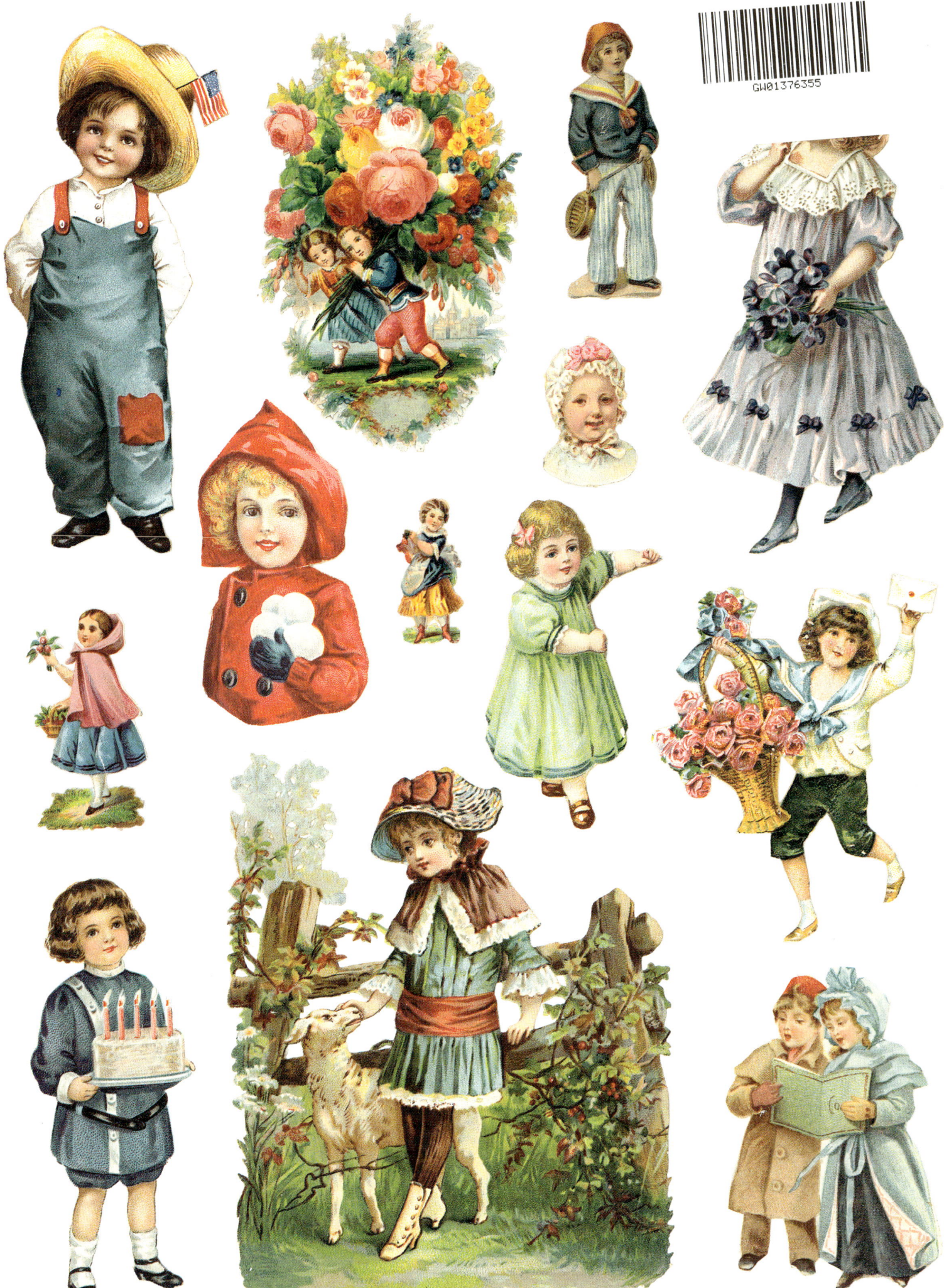

Plate 1

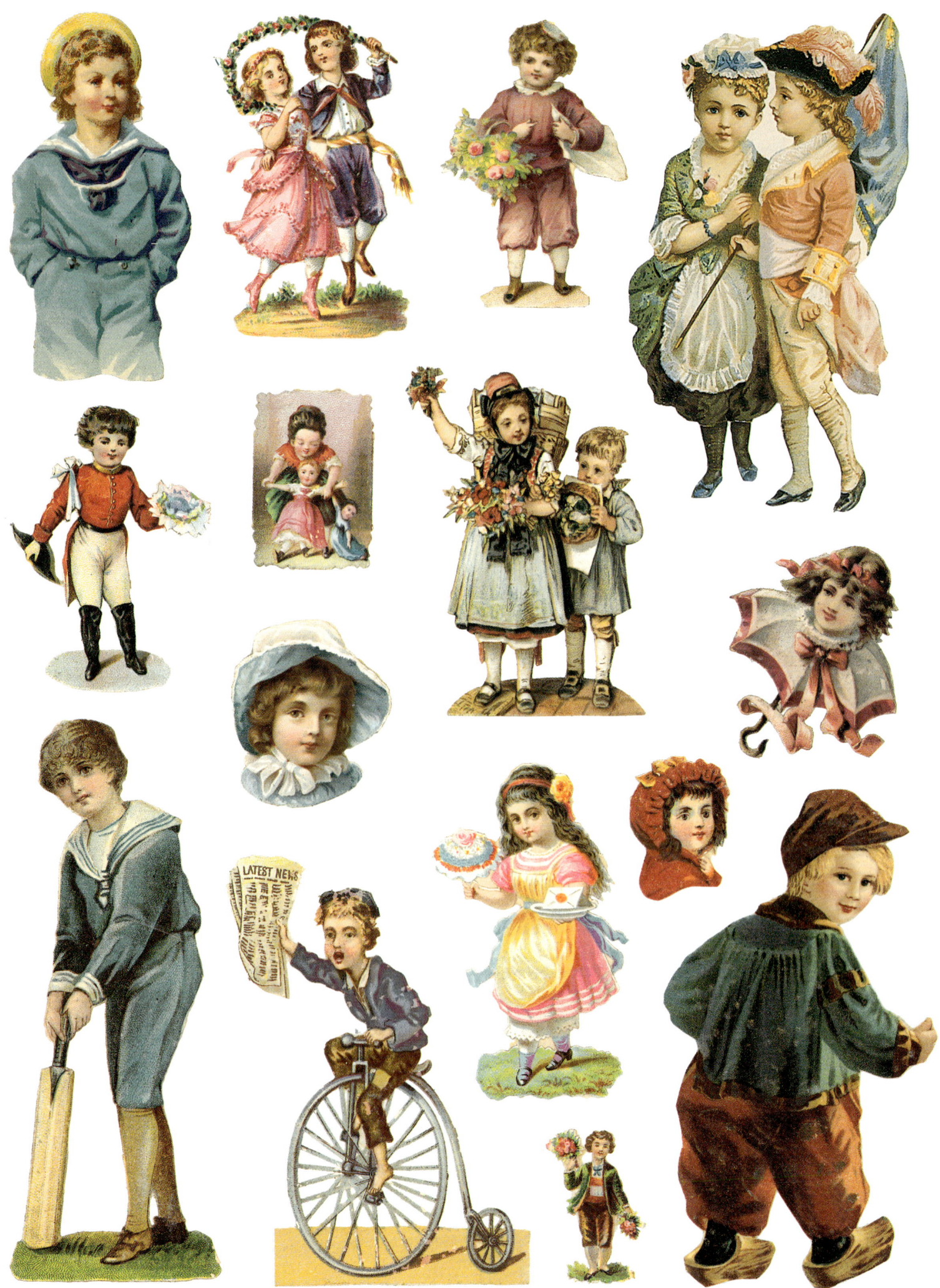

Plate 2

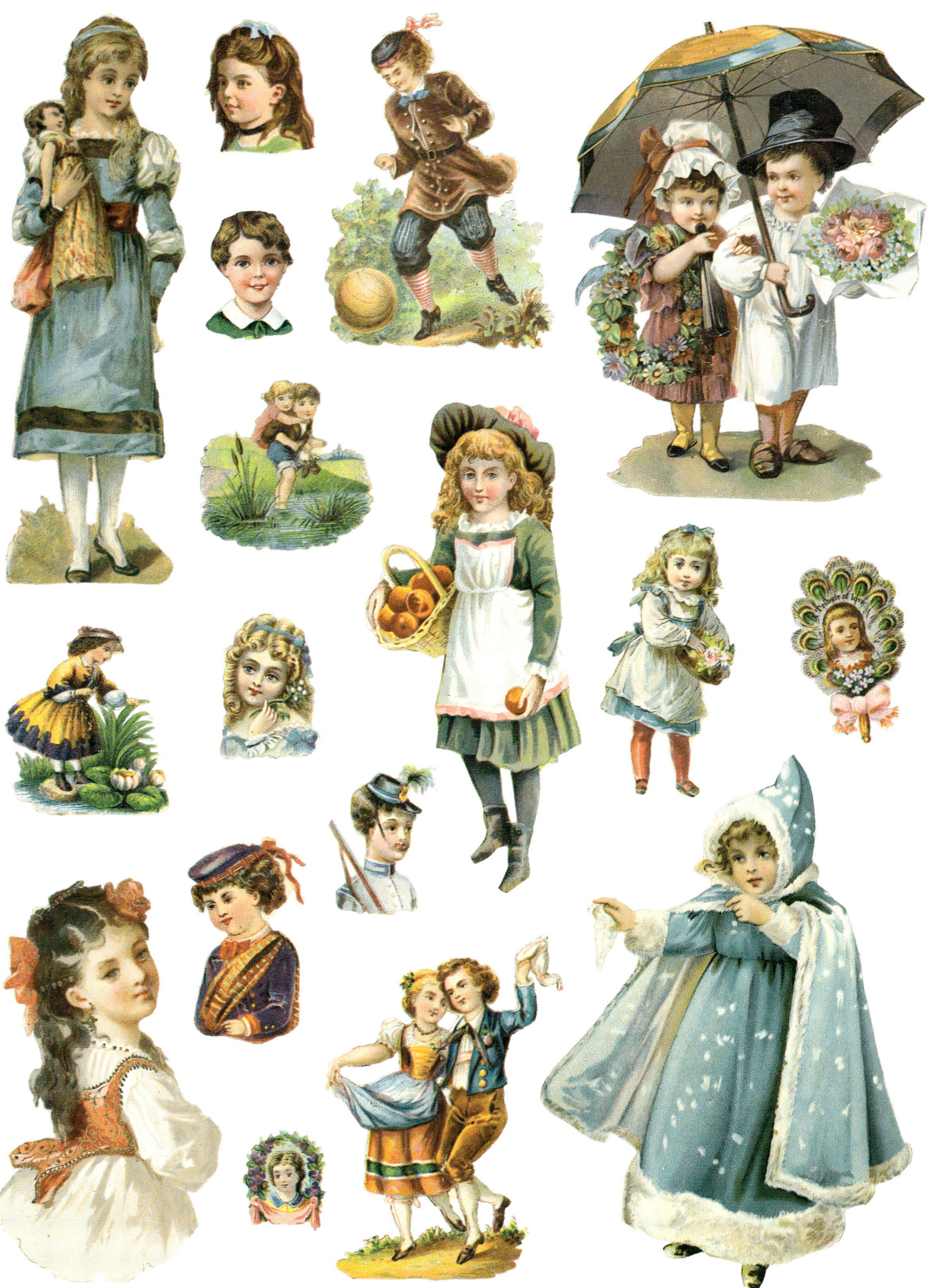

Plate 3

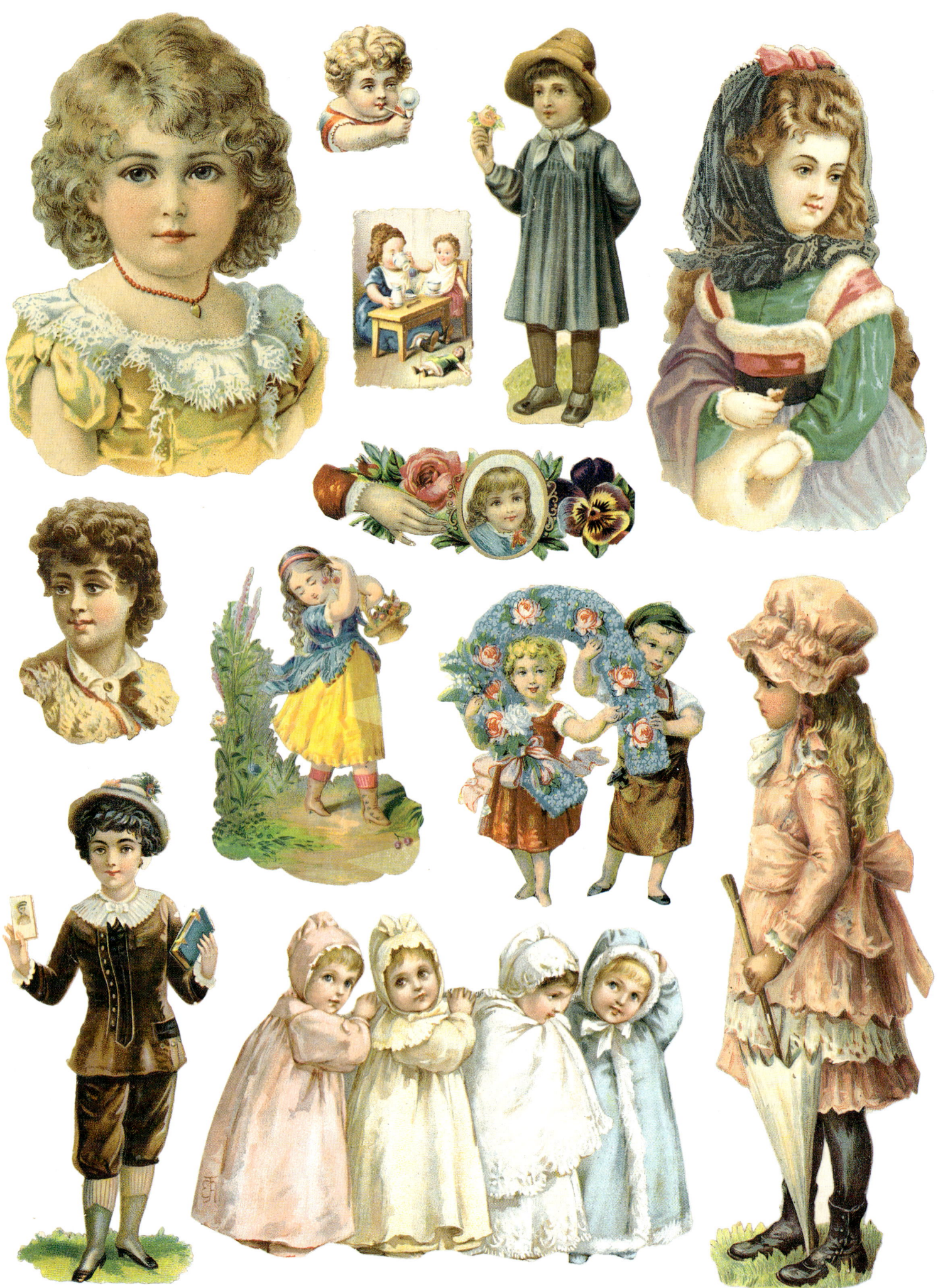

Plate 4

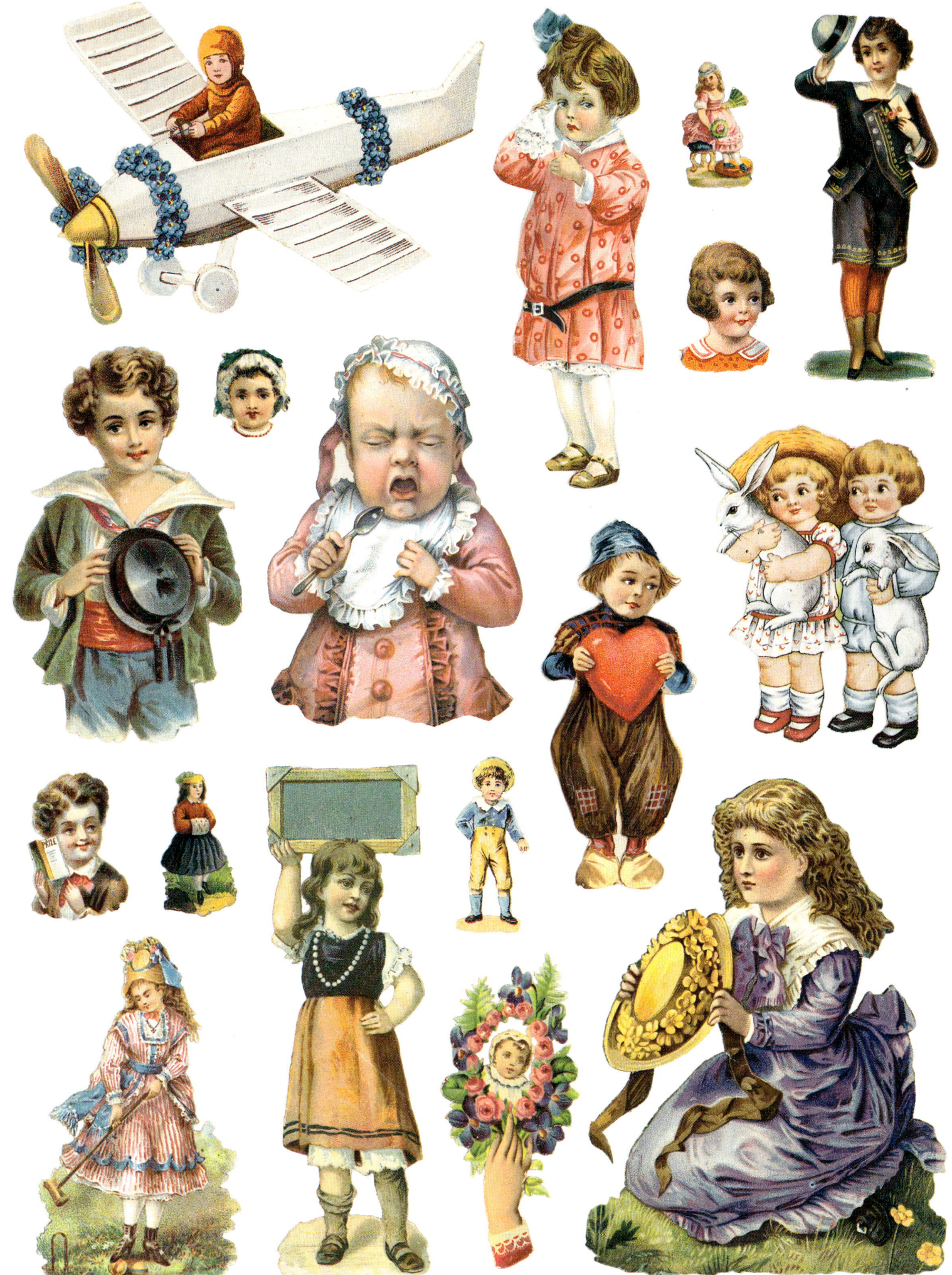

Plate 5

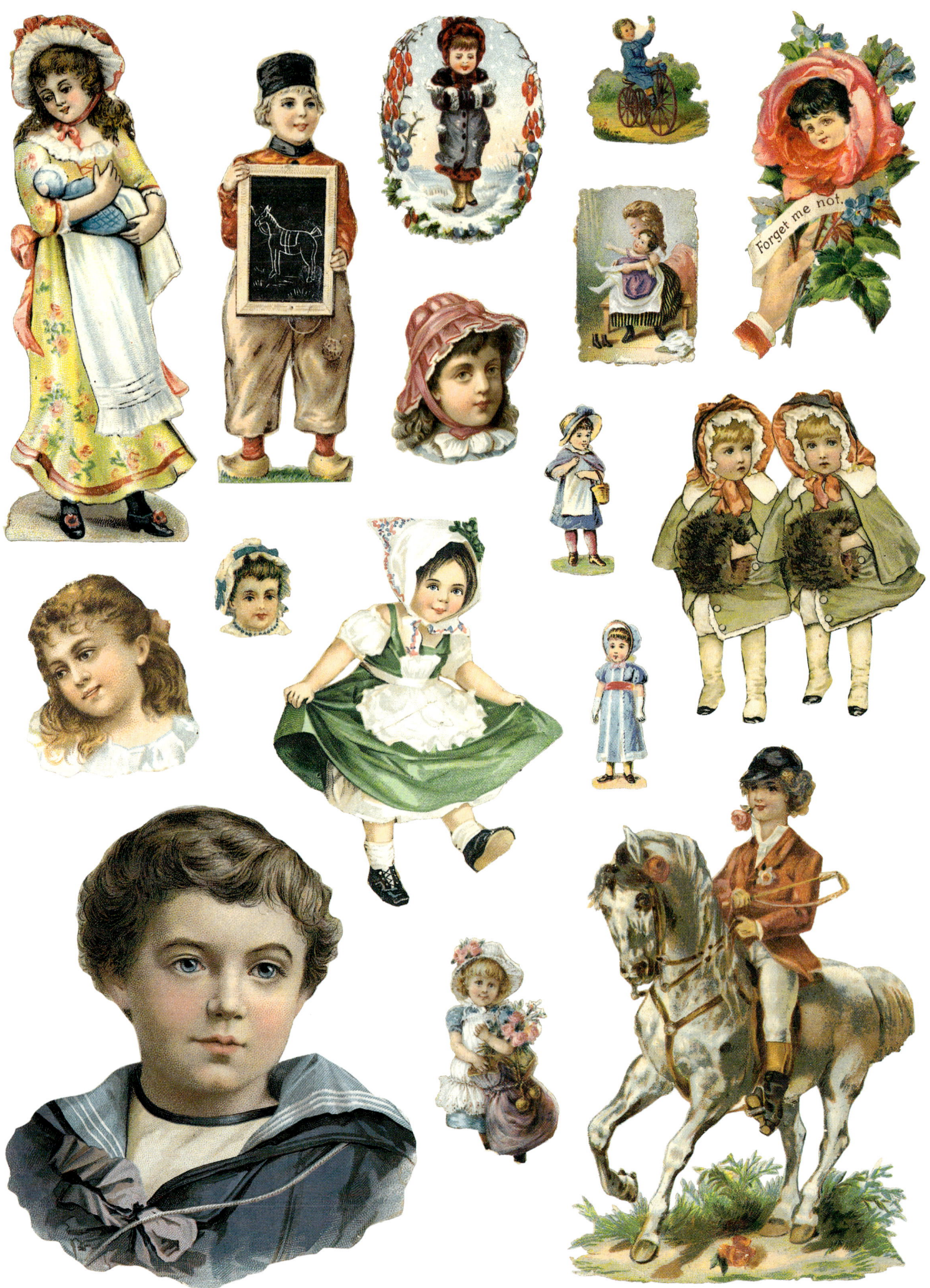

Plate 6

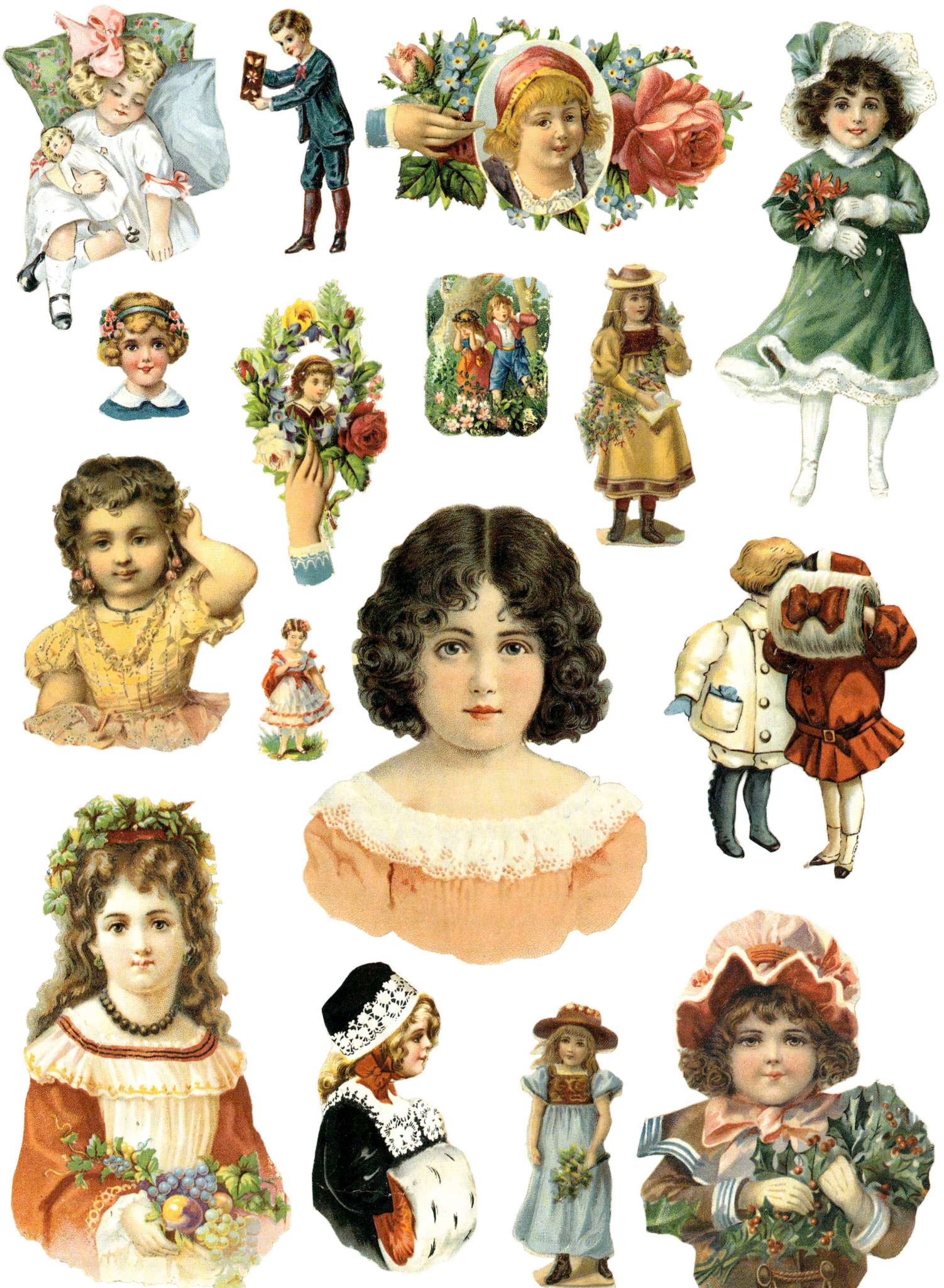

Plate 7

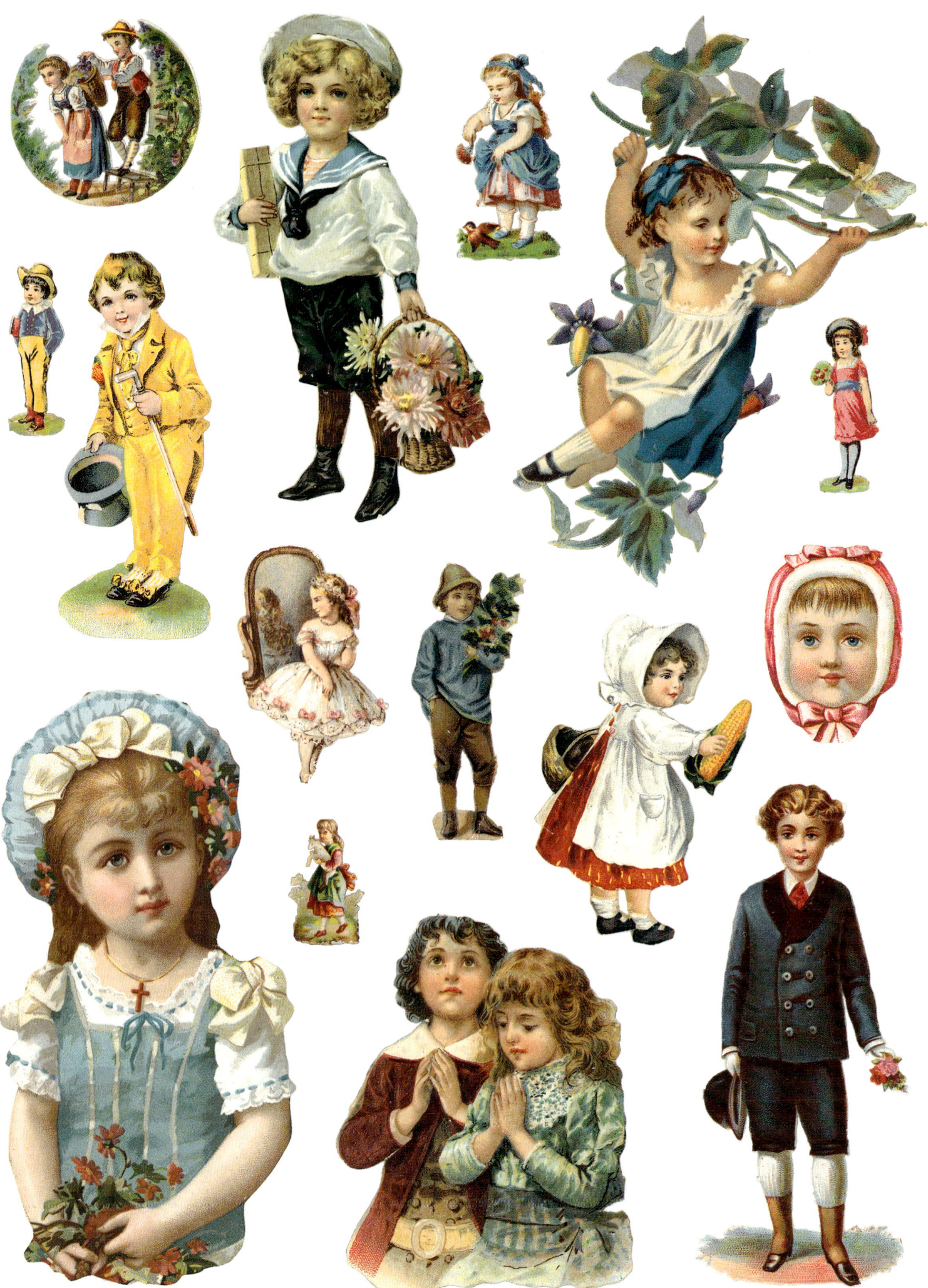

Plate 8

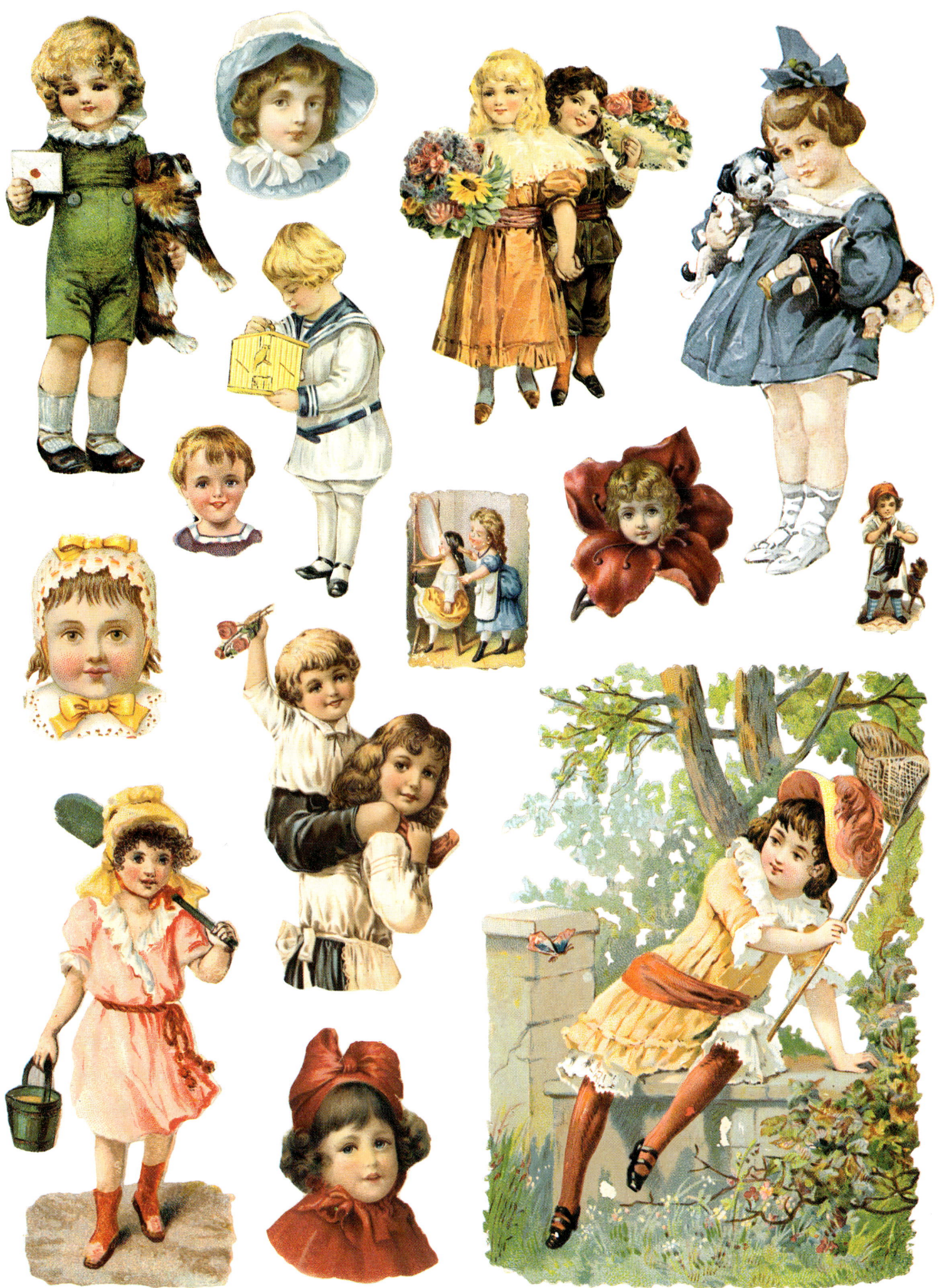

Plate 9

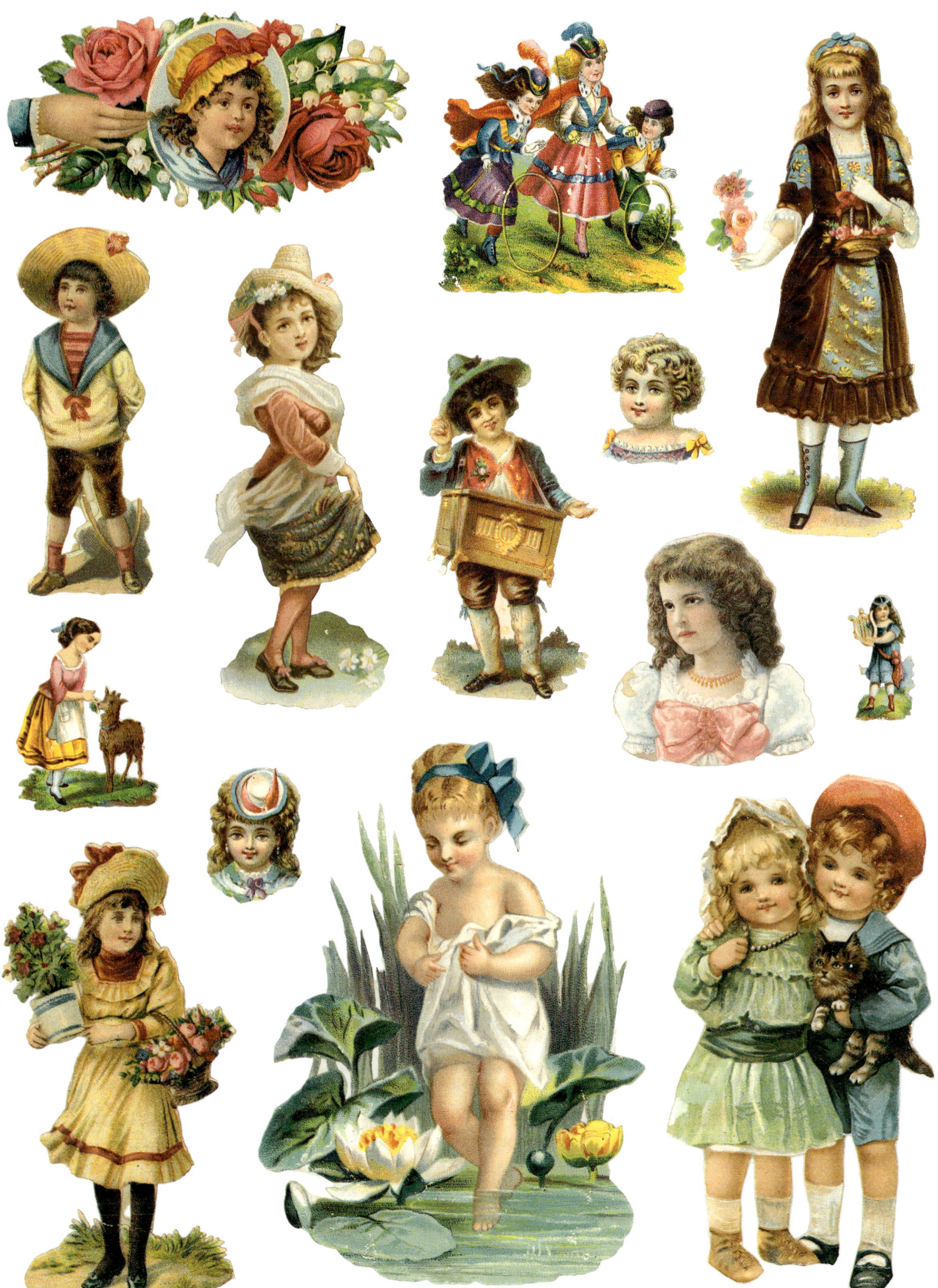

Plate 10

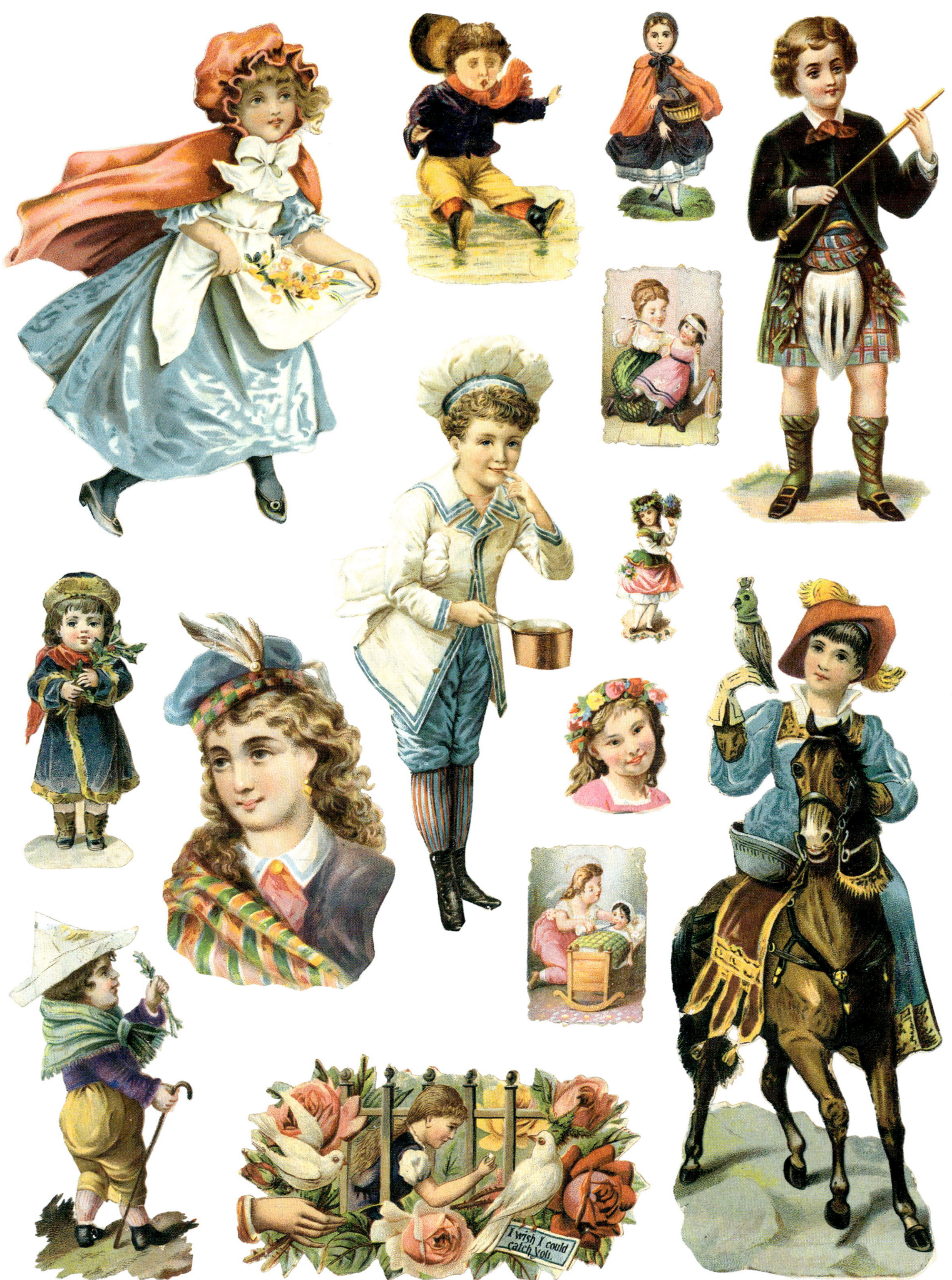

Plate 11

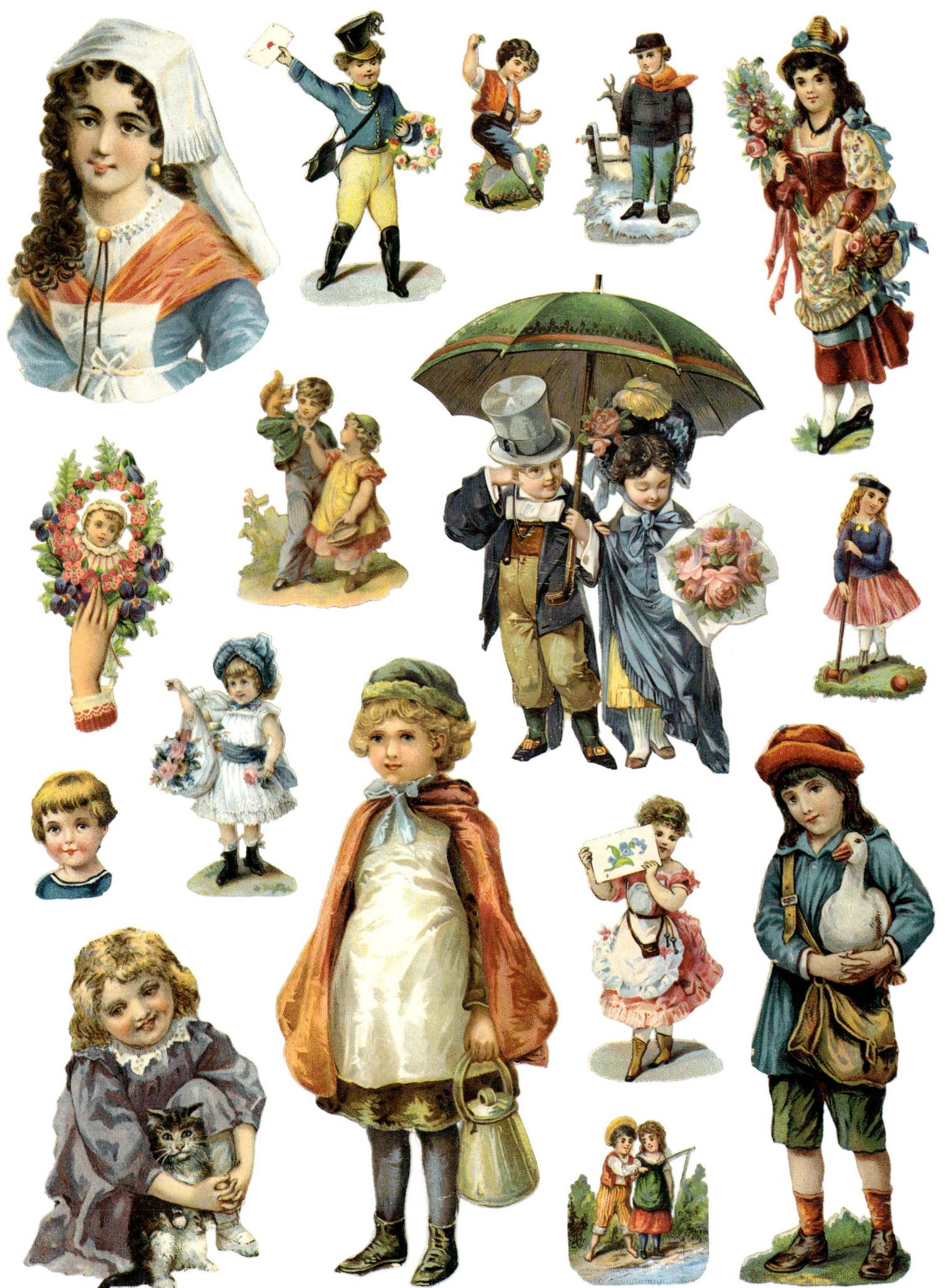

Plate 12

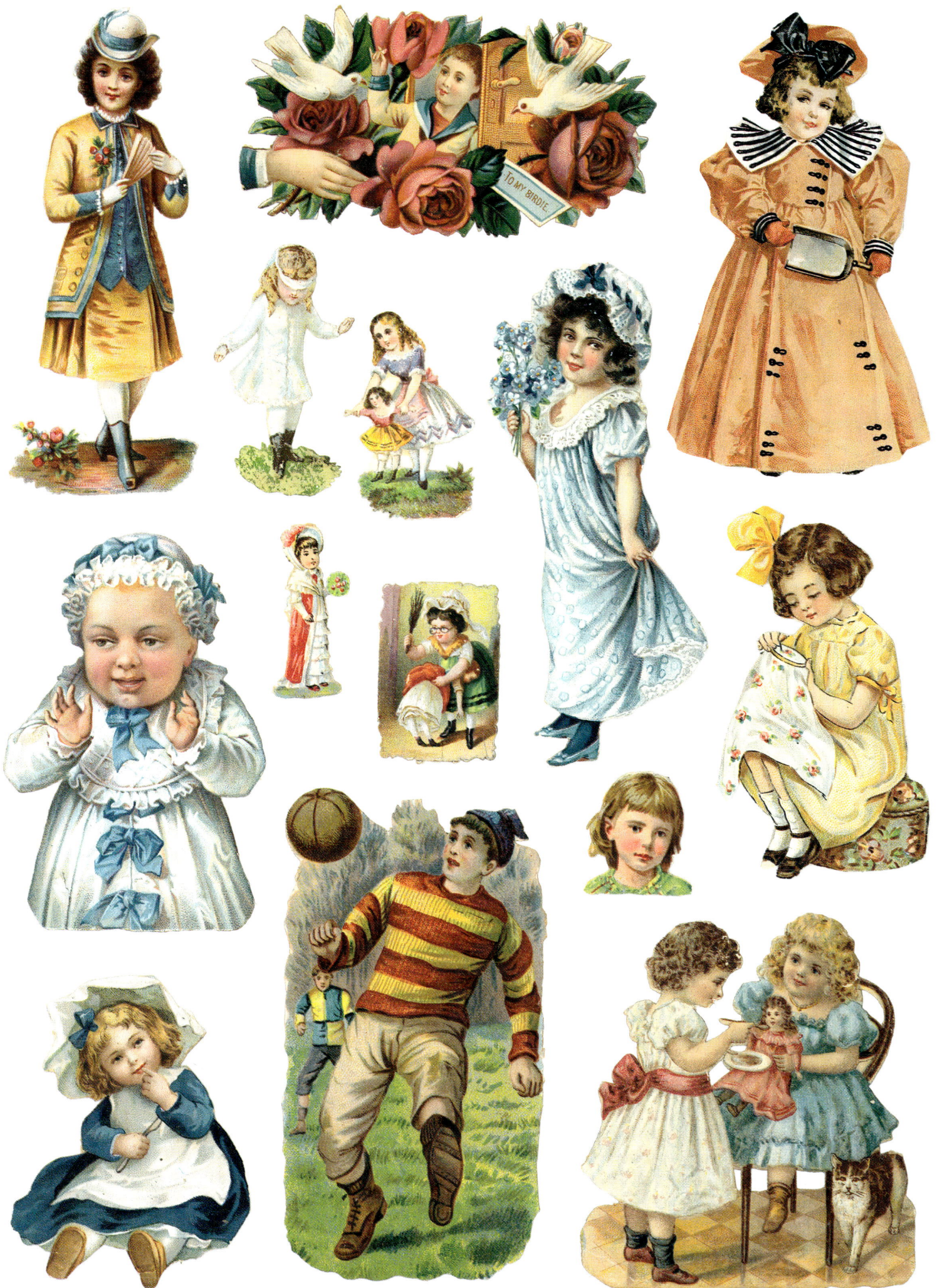

Plate 13

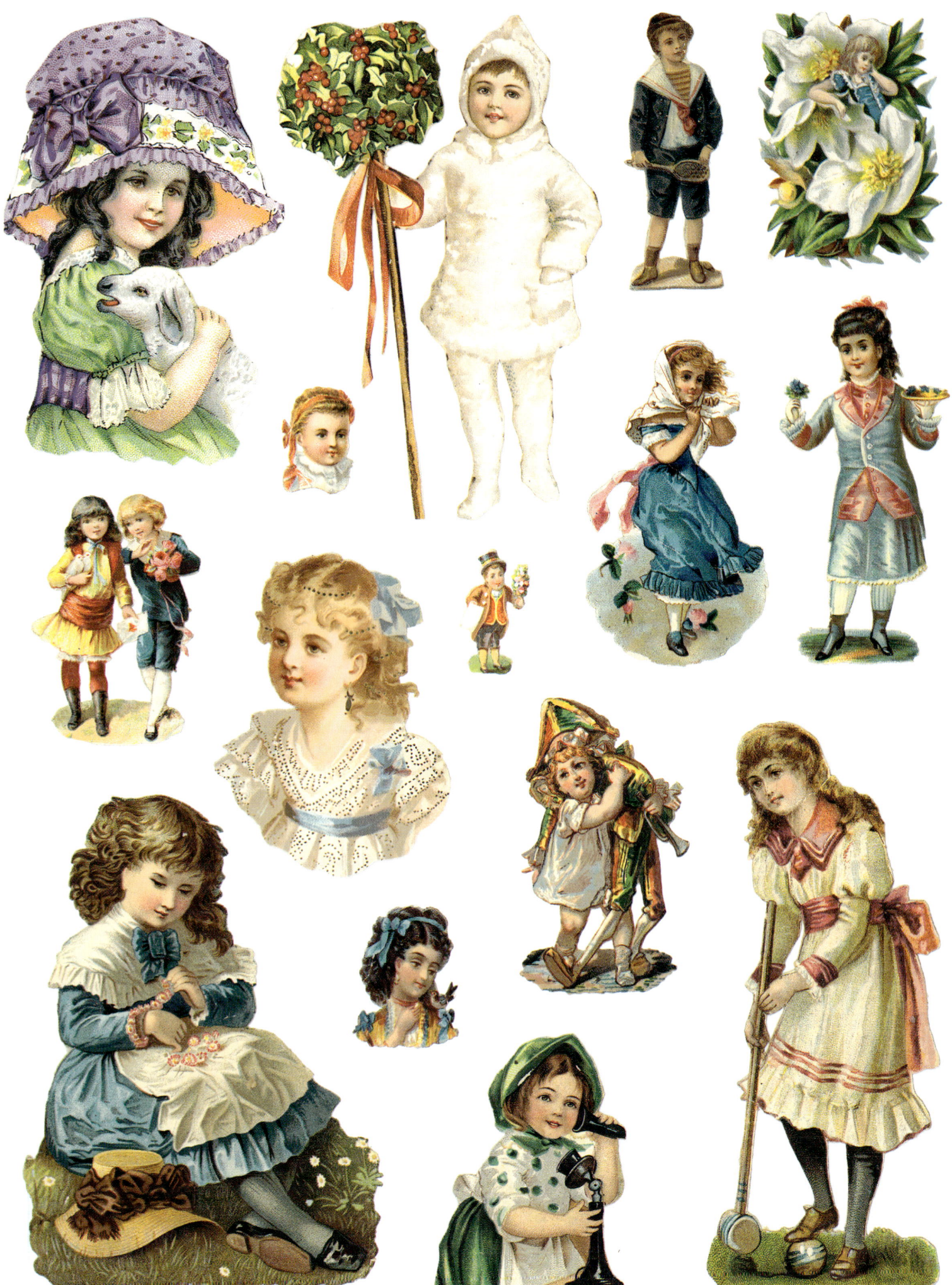

Plate 14

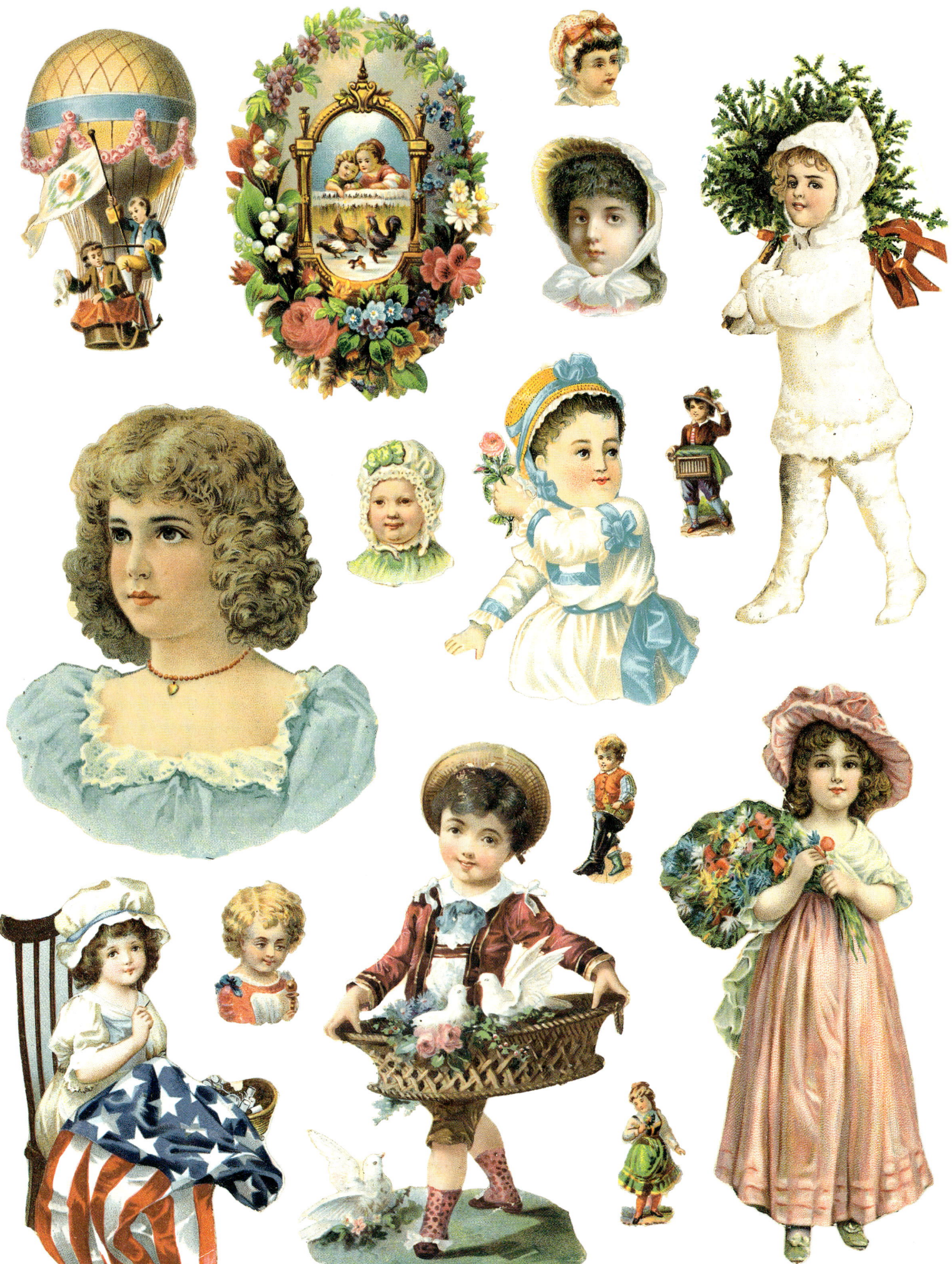

Plate 15

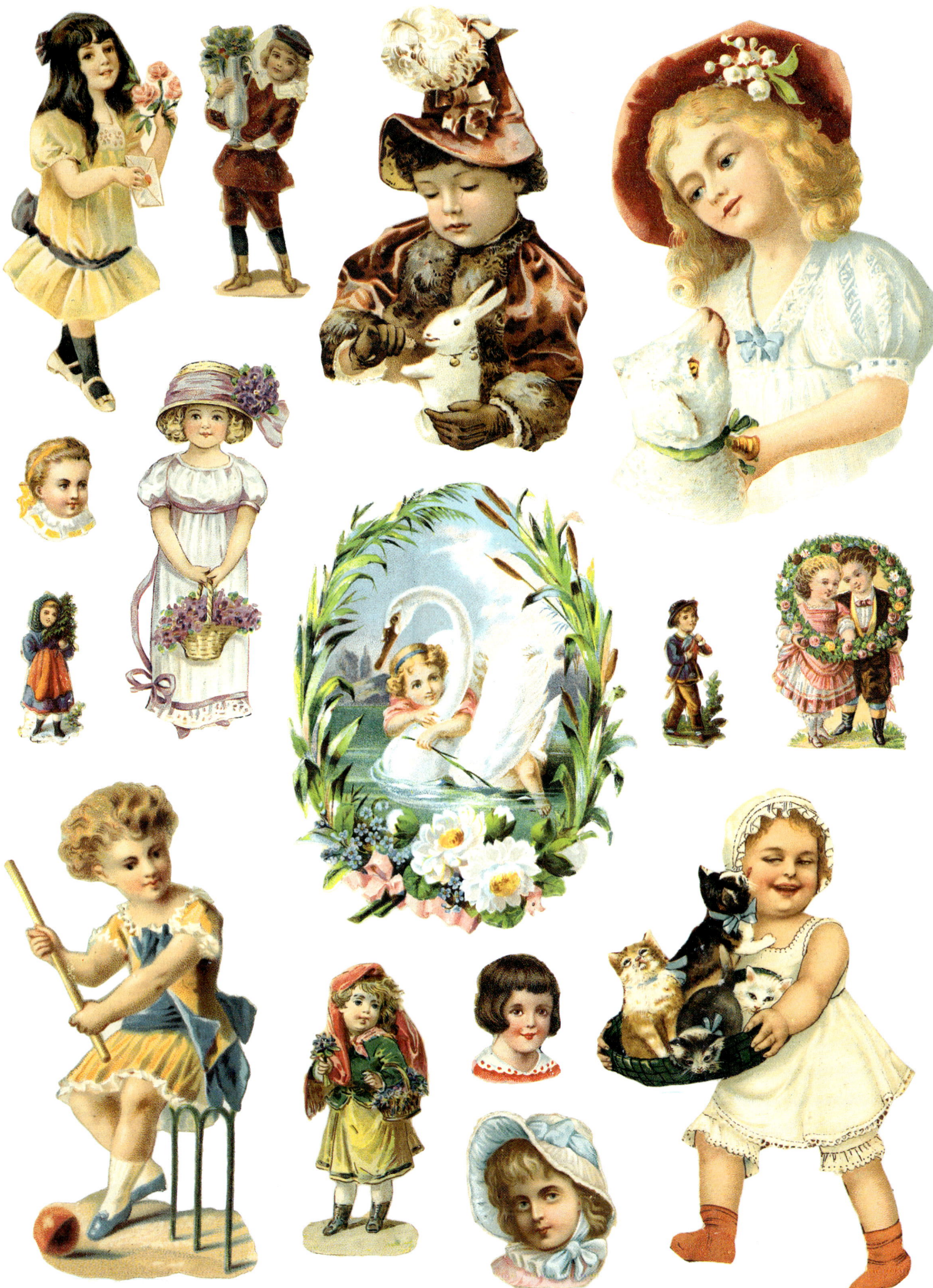

Plate 16

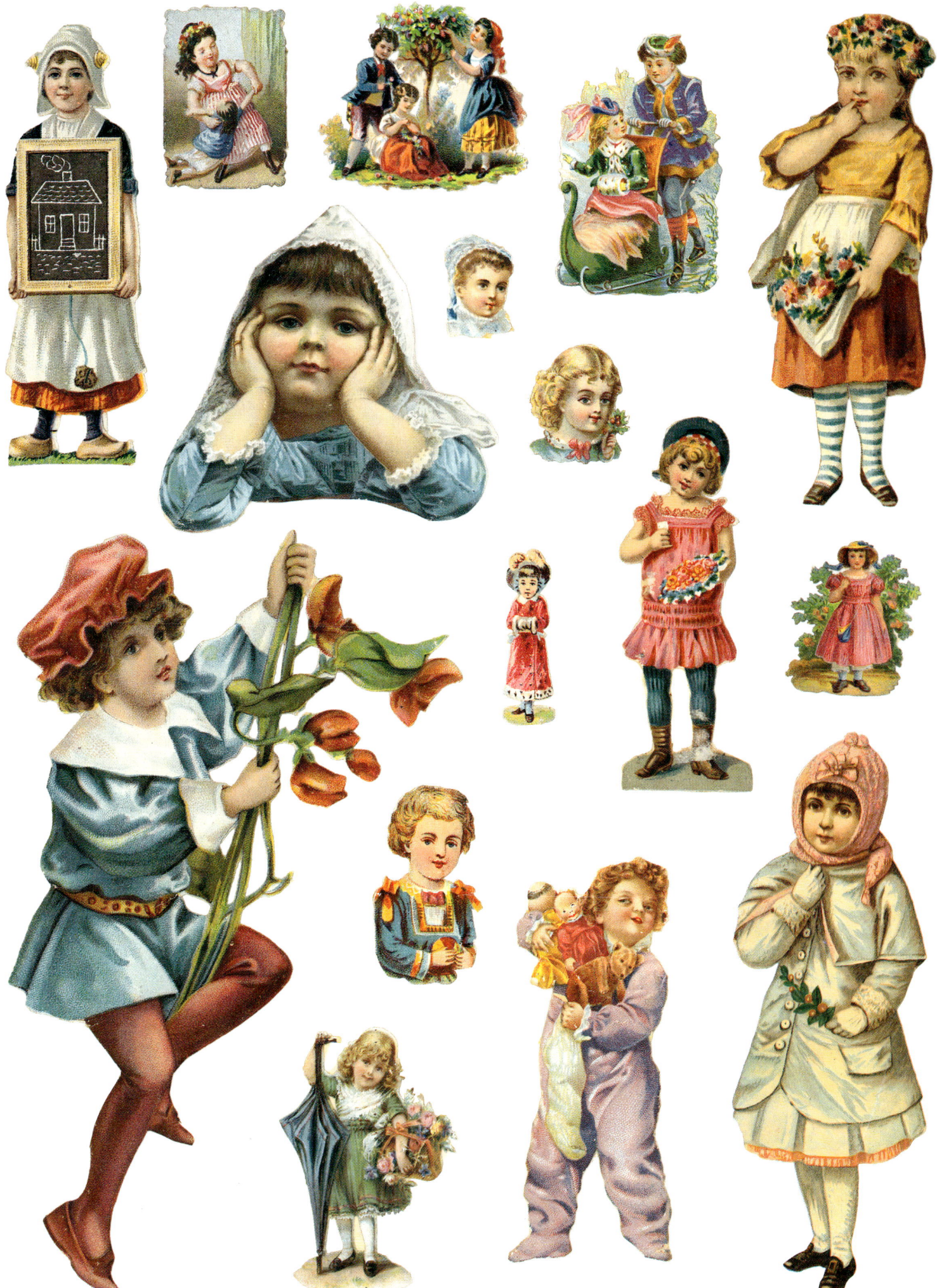

Plate 17

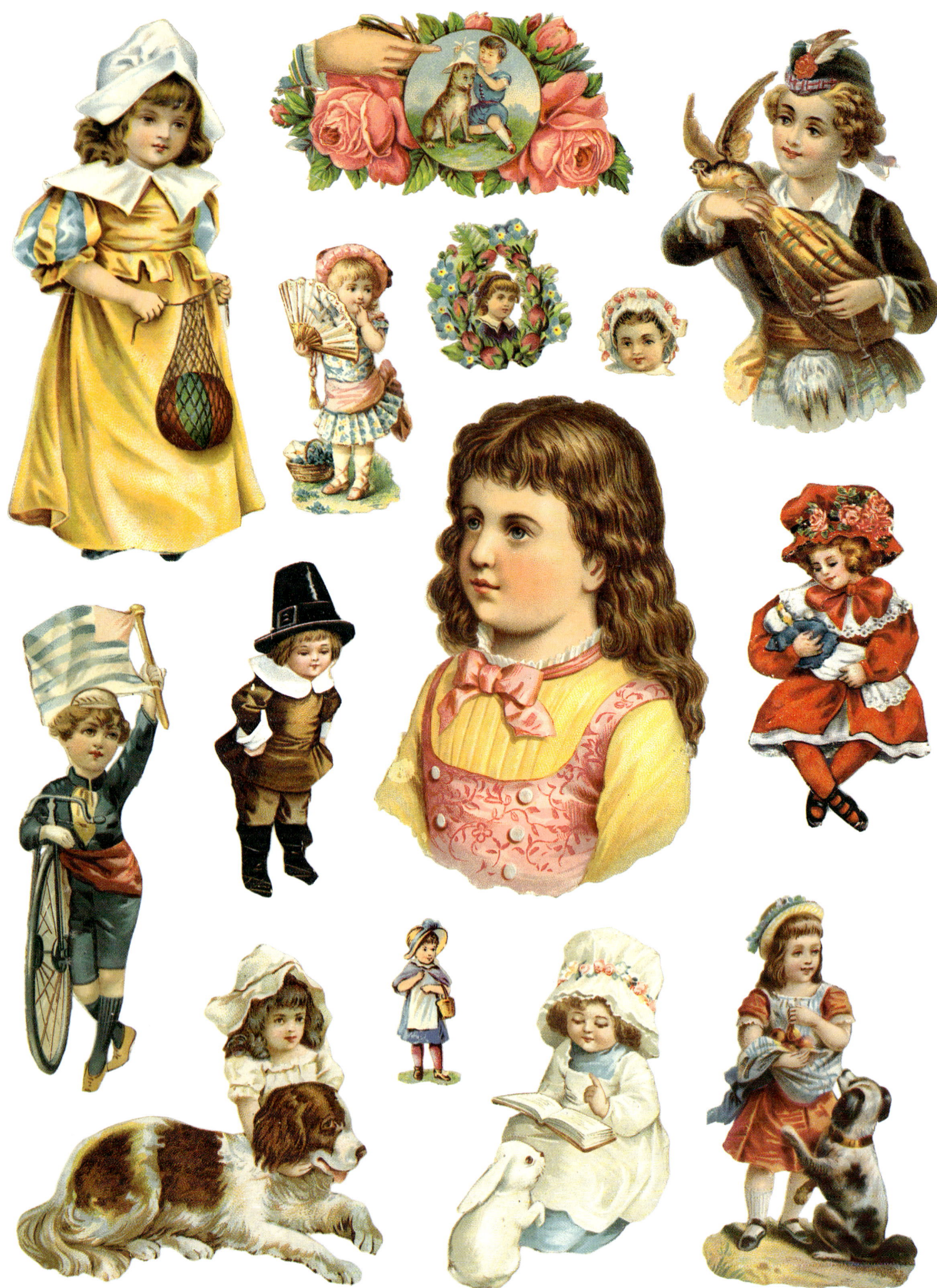

Plate 18

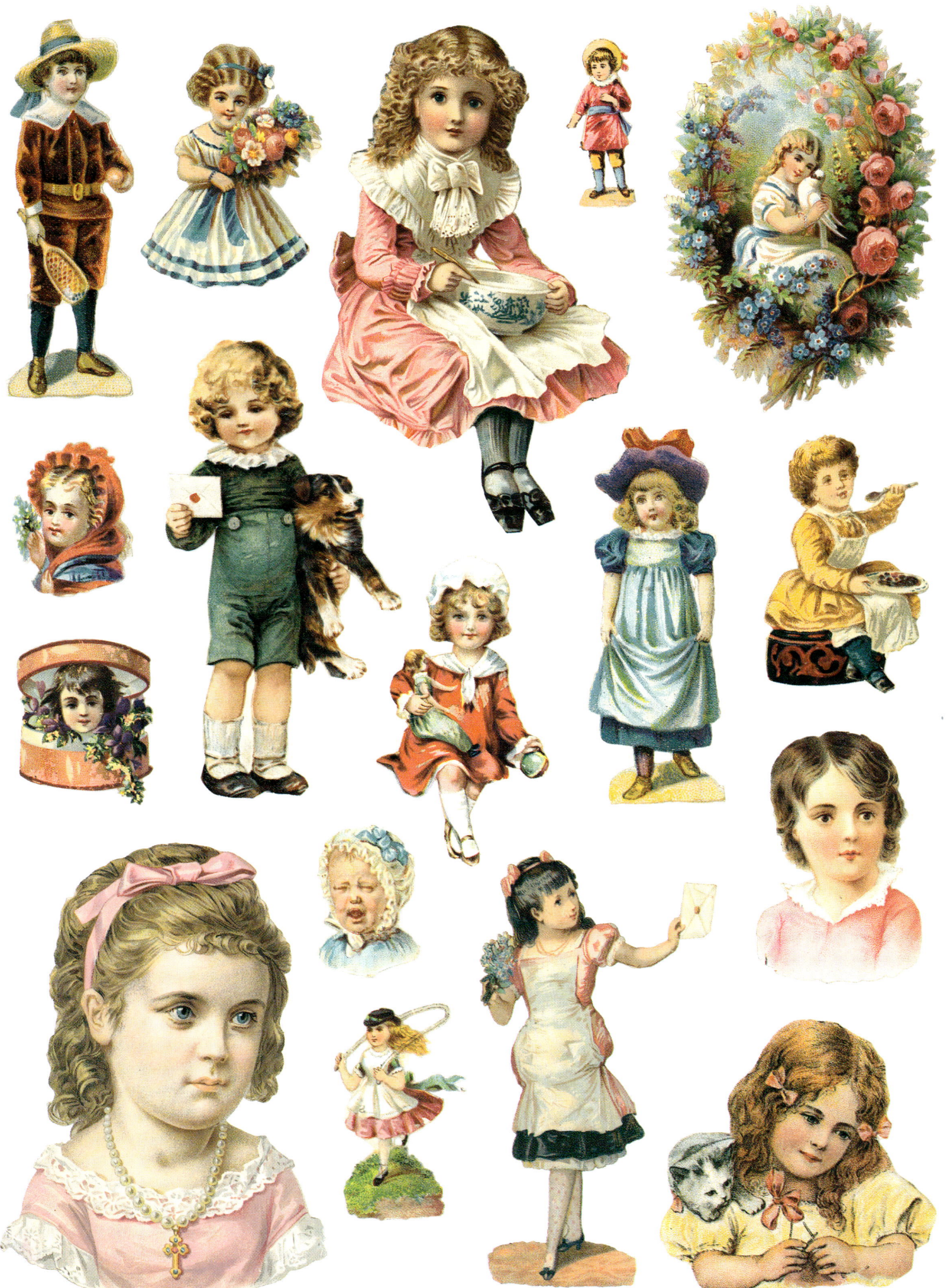

Plate 19

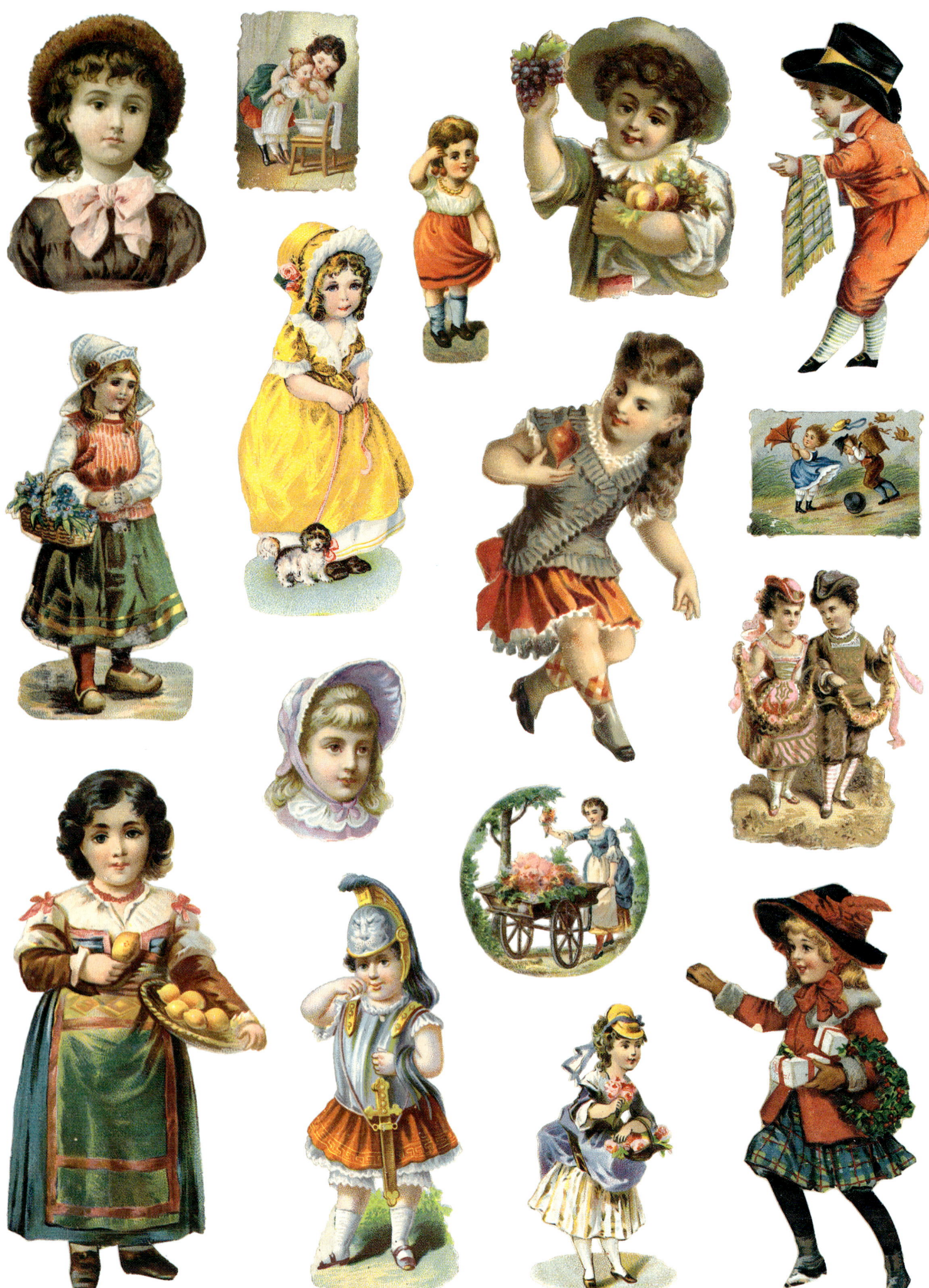

Plate 20

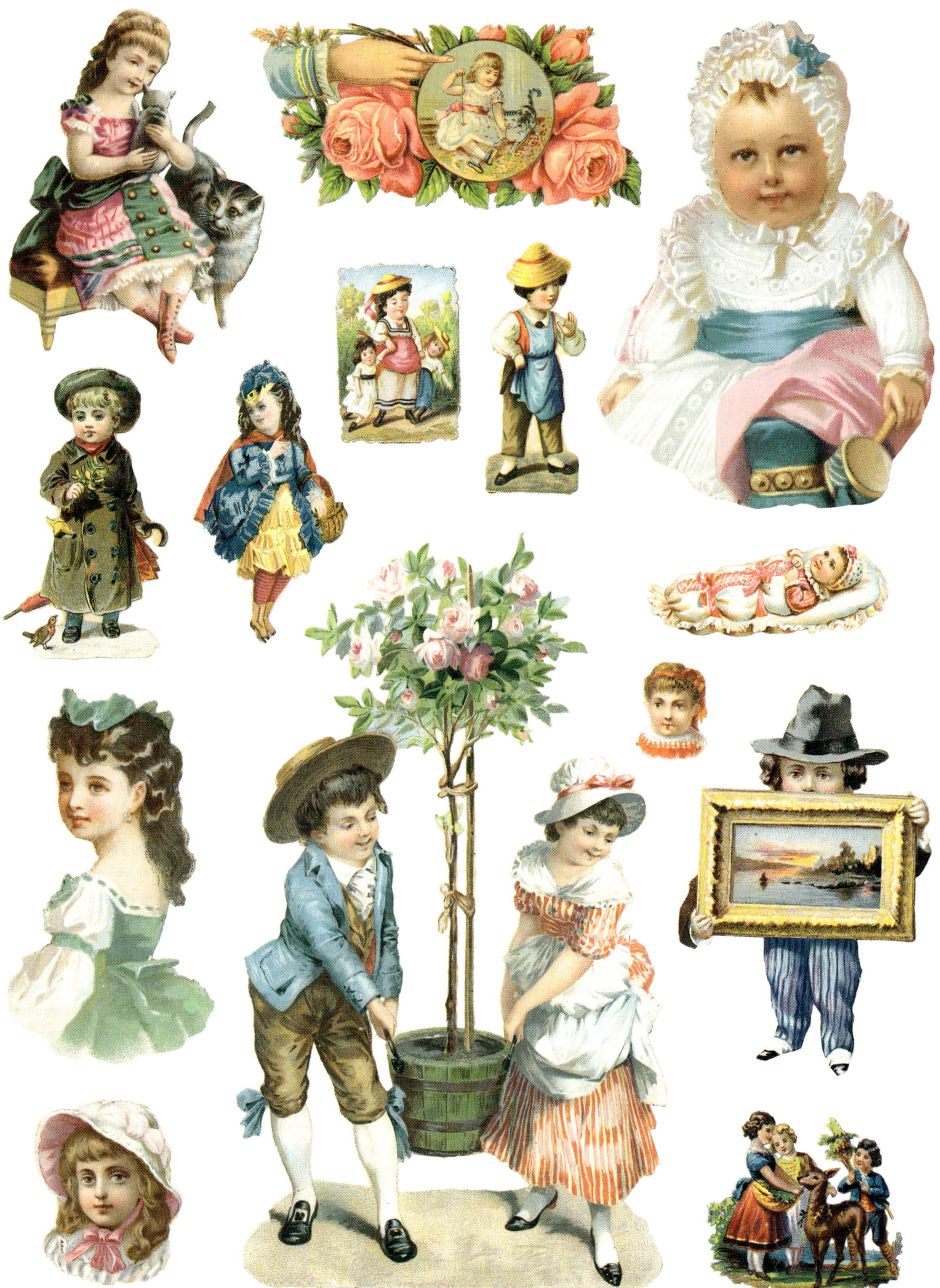

Plate 21

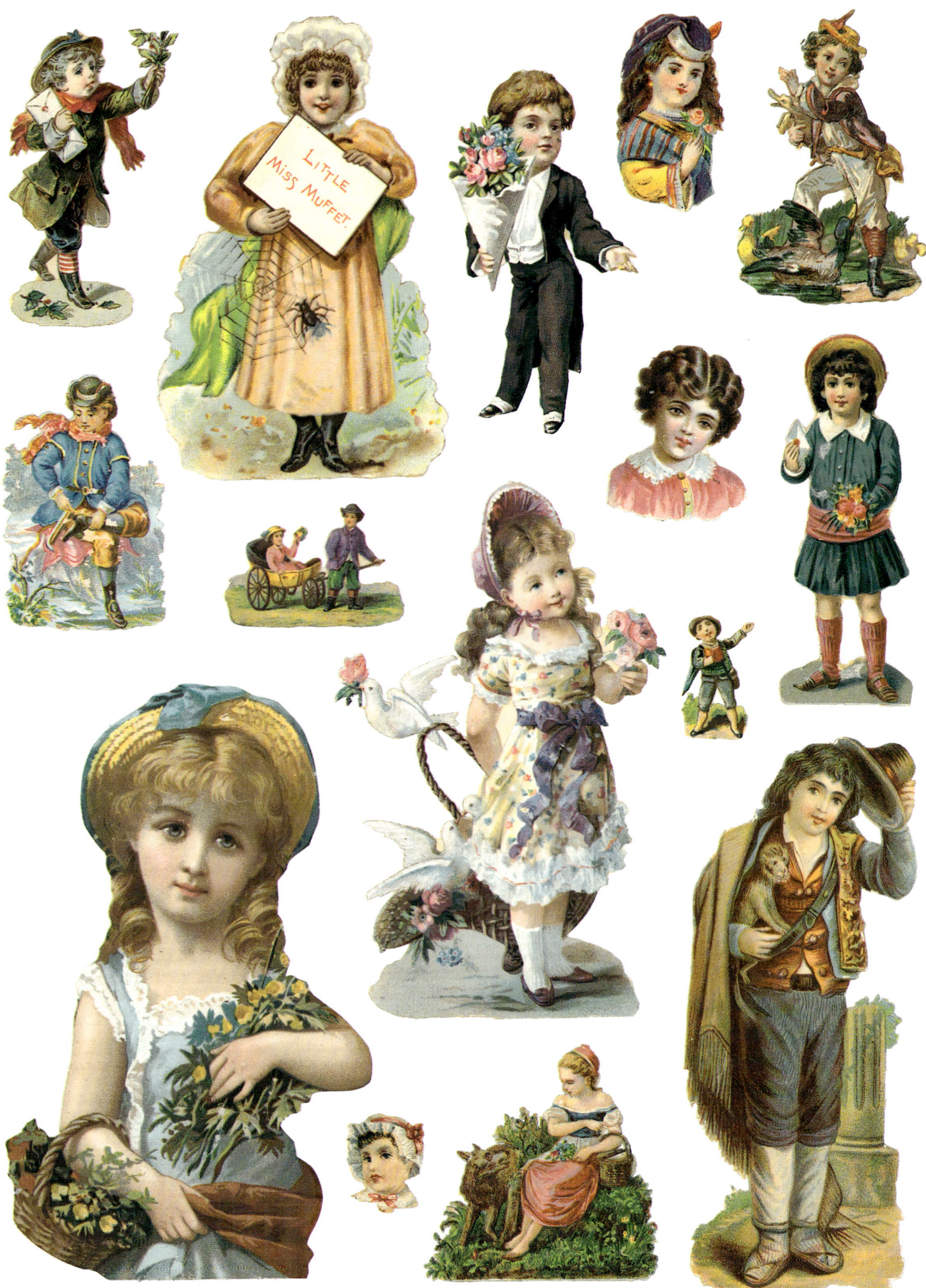

LITTLE
MISS MUFFET

Plate 22

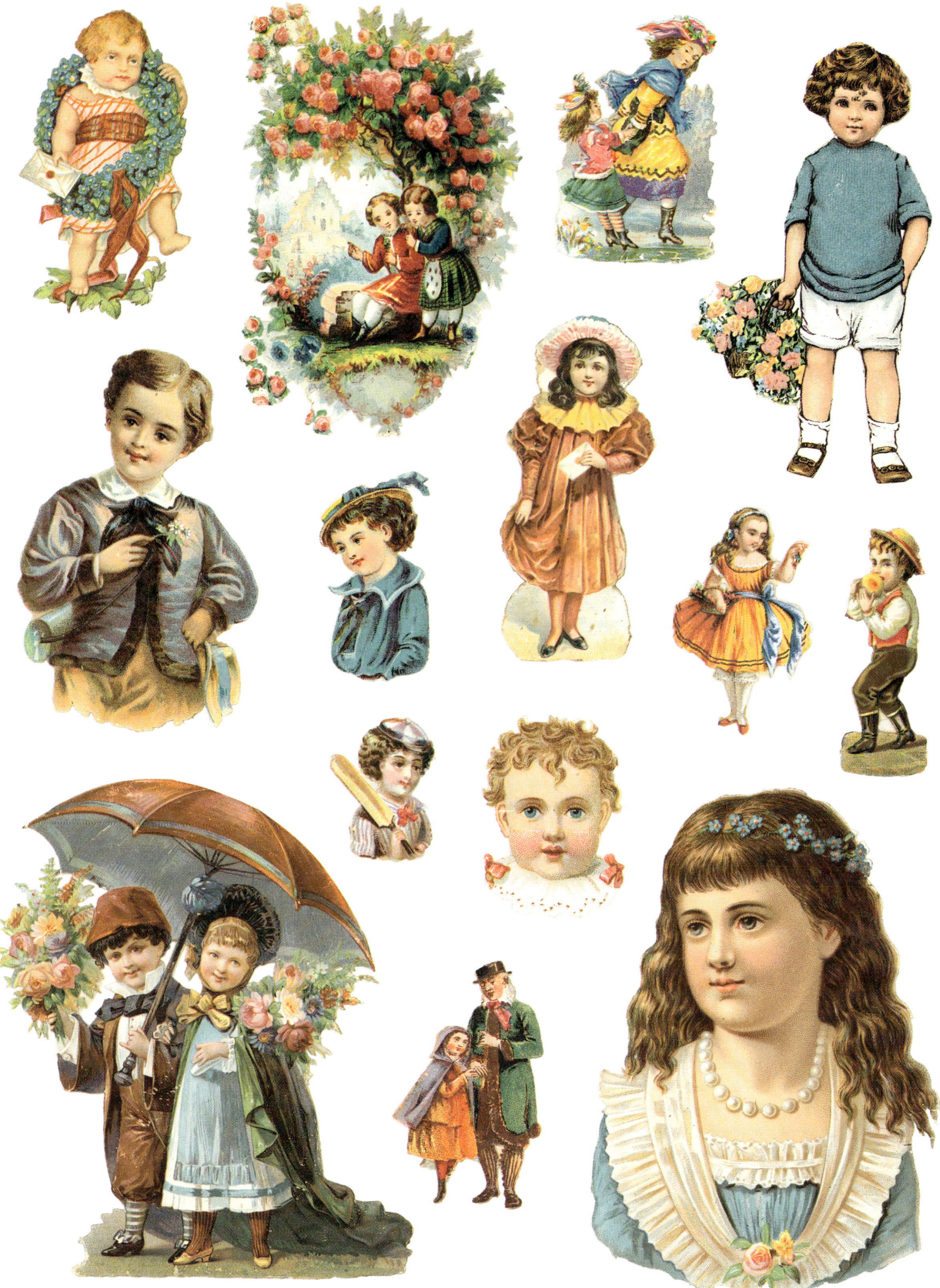

Plate 23

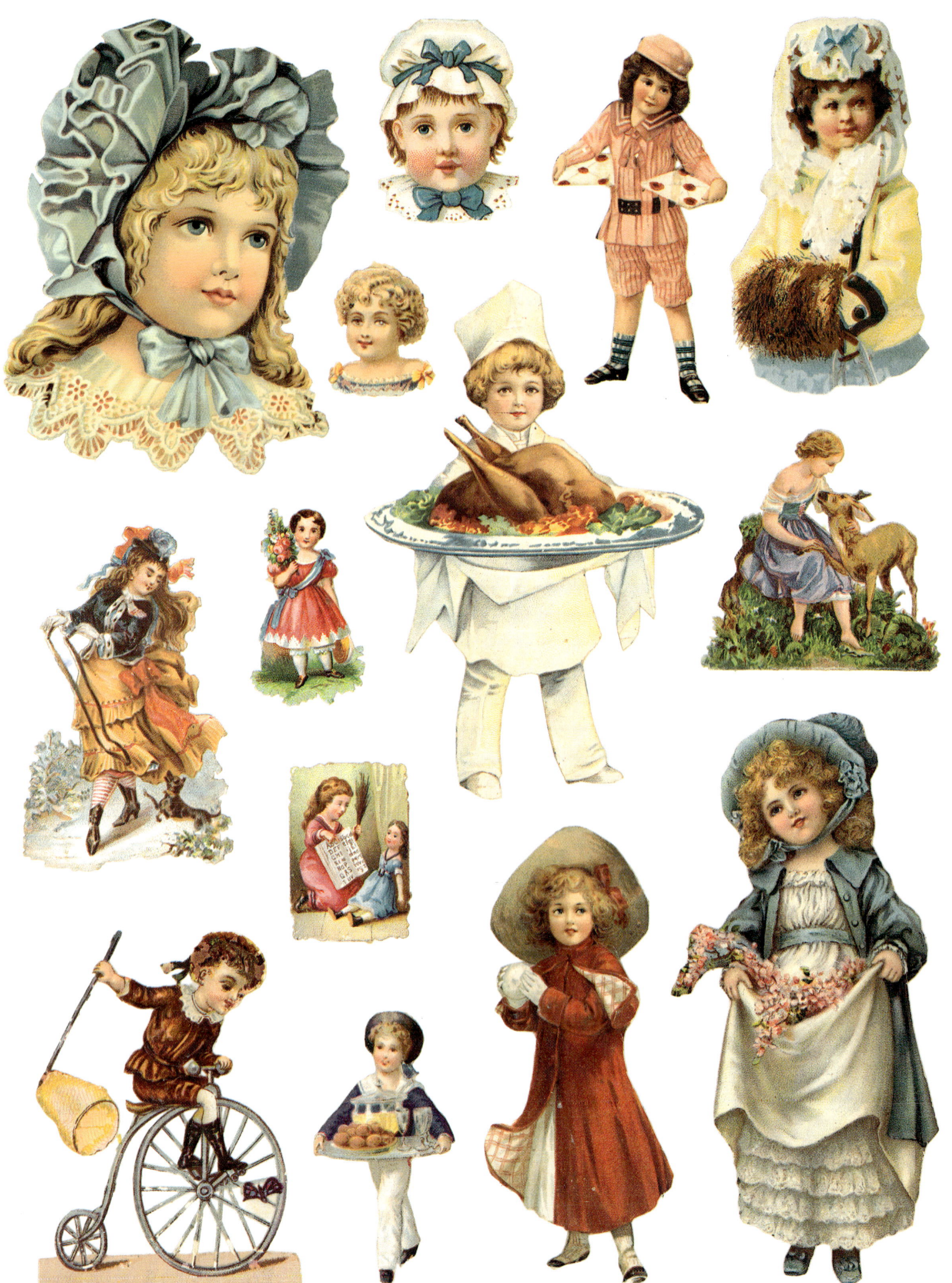

Plate 24